# BEI GRIN MACHT SICH IHR WISSEN BEZAHLT

AF136225

- Wir veröffentlichen Ihre Hausarbeit,
  Bachelor- und Masterarbeit

- Ihr eigenes eBook und Buch -
  weltweit in allen wichtigen Shops

- Verdienen Sie an jedem Verkauf

## Jetzt bei www.GRIN.com hochladen und kostenlos publizieren

# Betriebliches Gesundheitsmanagement I. Belastungen in der Pflege-Residenz

Simon Kübler

**Bibliografische Information der Deutschen Nationalbibliothek:**

Die Deutsche Nationalbibliothek verzeichnet diese Publikation in der
Deutschen Nationalbibliografie; detaillierte bibliografische Daten sind
im Internet über http://dnb.d-nb.de abrufbar.

ISBN: 9783346545473
Dieses Buch ist auch als E-Book erhältlich.

© GRIN Publishing GmbH
Nymphenburger Straße 86
80636 München

Druck und Bindung: Books on Demand GmbH, Norderstedt Germany
Gedruckt auf säurefreiem Papier aus verantwortungsvollen Quellen

Das Buch bei GRIN: https://www.grin.com/document/1153014

Deutsche Hochschule für

Prävention und Gesundheitsmanagement

Hermann Neuberger Sportschule 3

66123 Saarbrücken

# Einsendeaufgabe

**Fachmodul:**      Betriebliches Gesundheitsmanagement 1

**Studiengang:**     M. A. Prävention und Gesundheitsmanagement

**Datum**

**Präsenzphase:**    06.01.20-08.01.2020

**Name, Vorname:**   Kübler, Simon

**Studienort:**       **Saarbrücken**

**Semester:**        **3. Fachsemester**

# Inhaltsverzeichnis

# Belastungen in der Pflege-Residenz

Die vorliegende Arbeit bezieht sich auf eine fiktive Pflege-Residenz mit Sitz in Bayern. Das Unternehmen bietet professionelle Pflege- und Betreuungsleistungen für Senioren an und besteht aus zwei vollstationären Pflegeeinrichtungen mit insgesamt 270 Beschäftigten. Die Belegschaft besteht zum Großteil aus Pflegekräften die sich um die Pflege, Betreuung sowie Beratung der pflege- und hilfsbedürftigen älteren Menschen kümmert. Bewohner sämtlicher Pflegegrade sowie Menschen mit Demenz leben in den vollstationären Pflegewohnbereichen. Folgendes Kapitel befasst sich mit den Arbeitsbelastungen die auf die Pflegekräfte in ihrem Arbeitsalltag treffen.

## 1.1 Belastungsfaktoren für die berufsgruppe Pflegekräfte

Aus dem Stressreport Deutschland (2012, S. 34) geht hervor, dass deutsche Erwerbstätige vor hohen psychischen Anforderungen stehen. Der Berufsgruppe Pflegekräfte in Krankenhäusern, Pflegeheimen und ambulanten Pflegen können neben psychischen Anforderungen zugleich auch erhebliche körperliche Anforderungen zugeschrieben werden (Bundesanstalt für Arbeitsschutz und Arbeitsmedizin [BAuA], 2014, S. 1). Neben diesen zwei Belastungsfaktoren tituliert die BAuA (2014, S. 1) ebenso, bedingt durch ein Fachkräftemangel und Schichtarbeiten, hohe zeitliche Anforderungen an die Beschäftigten. Eine spezifischere Erläuterung zu den arbeitsbedingten physischen, psychischen und zeitlichen Anforderungen von Pflegekräften findet nachfolgend statt.

### 1.1.1 Physischen Belastungen der Pflegekräfte

„Körperliche Belastung wie ‚Arbeiten im Stehen‘, ‚Heben und Tragen schwerer Lasten‘ sowie ‚Arbeiten in Zwangshaltung‘ werden von Pflegekräften deutlich öfter als vom Durchschnitt der anderen Erwerbstätigen berichtet" (BAuA, 2012, S. 35). Durch das häufige notwendige Lagern der Patienten, haben die Altenpfleger/-innen mit 72 Prozent im Vergleich zu den anderen Erwerbstätigen, die bei 21 Prozent liegen, eine mehr als drei Mal so hohe Belastung bezüglich häufiges, schweres Heben und Tragen von Lasten. Bei häufigem Arbeiten unter Zwangshaltung sieht es ähnlich aus (44 zu 16 Prozent) und auch das Arbeiten im Stehen liegt mit 91 Prozent weit über dem Durchschnitt (BAuA, 2012, S. 35).

### 1.1.2 Psychische Anforderungen der Pflegekräfte

Auch die Psychischen Belastungen sind in den Pflegeberufen im Vergleich zu anderen Berufsgruppen erhöht. Altenpfleger/-innen berichten überdurchschnittlich oft von hohen psychischen Anforderungen wie verschiedene Arbeiten gleichzeitig ausführen zu müssen (64 Prozent), starker Termin- und Leistungsdruck zu haben (62 Prozent) und oft bei der Arbeit unterbrochen beziehungsweise gestört zu werden (48 Prozent) (BAuA, 2014, S. 1).

### 1.1.3 Zeitliche Anforderung

Ein dritter zentraler Belastungsfaktor stellt die zeitliche Anforderung an die Pflegkräfte dar. 38 Prozent der Altenpfleger arbeiten im Schichtdienst, wodurch einerseits das Sozialleben als auch die Erholungsmöglichkeiten eingeschränkt sind. Hinzu kommen, ein häufiger Pausenausfall, von dem 38 Prozent berichten und aufwändige Pflegedokumentationen. Grund dafür sei in den meisten Fällen zu viel Arbeit. Darüber hinaus stellt der demografische Wandel sowie Fachkräftemangel ebenso bei den Pflegekräften ein großes Problem dar (BAuA, 2014, S. 1). 2018 meldete das Ärzteblatt 15.300 freie Stellen, wobei es 183 Tage dauert bis Heimbetreiber eine frei gewordene Stelle neu besetzt haben. Im Umkehrschluss bedeutet das für die besetzten Stellen, dass sie wesentlich mehr Arbeit leisten müssen, was wiederrum die zeitliche Anforderung auf das Personal verstärkt (Stagge, 2016, S. 70). Die überdurchschnittlichen Arbeitsunfähigkeitstage erhöhen ebenso die Arbeitsverdichtung bei den gesunden Pflegern (Stagge, 2016, S. 85 f.).

## 1.2 Darstellung von Belastungen als Herausforderung oder als Überbeanspruchung

Am Arbeits- oder Ausbildungsplatz gehören Belastungen zum täglichen Geschäft und sind nicht direkt als krankmachend einzustufen. Aufgrund dessen dass sich Personen hinsichtlich ihrer individuellen Fertig- und Fähigkeiten, ihrem Gesundheitszustand und ihrer Bewältigungsstrategien voneinander unterscheiden, ist die Höhe der Belastung und die Ausprägung dieser Faktoren entscheidend, ob Belastungen als gesunderhaltende Herausforderung oder als krankmachende Beanspruchung wahrgenommen werden (Rohmert & Rutenfranz, 1975). Diese Thematik wird anhand der folgenden modifizierten Abbildung verdeutlicht.

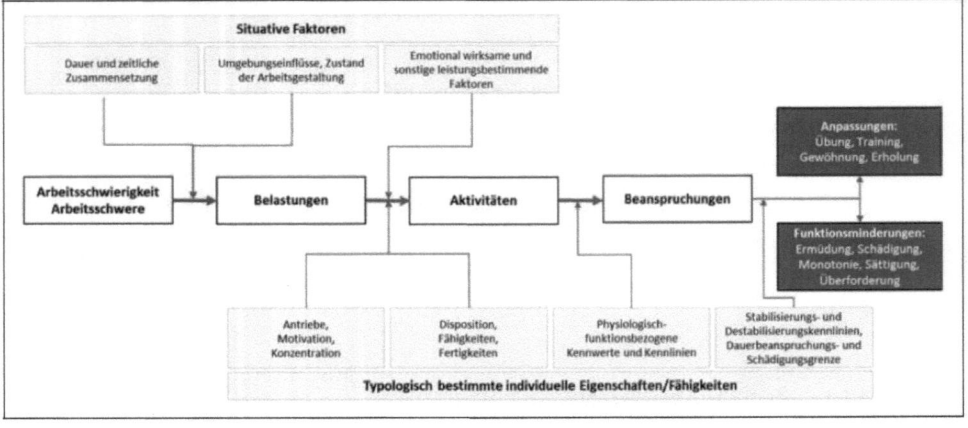

Abb. 1: Das Belastungs-Beanspruchungs-Konzept für menschliche Tätigkeiten (DHfPG, 2019, S. 95 modifiziert nach Rohmert & Rutenfranz, 1975)

Das Belastungs-Beanspruchungs-Konzept dient der Erforschung des Zusammenhangs zwischen beruflicher Tätigkeit und Auswirkungen auf die Gesundheit der Mitarbeiter. Nach Rohmert und Rutenfranz (1975) wird die Belastung als objektive, von außen her auf den Menschen einwirkende Größe definiert. Die Kenzeichnung der Beanspruchung hingegen ist durch die Auswirkungen, die unterschiedlich sein können, definiert, da konkrete und objektive Belastungen auf unterschiedliche individuelle Eigenschaften und Fähigkeiten von Menschen treffen. Die gleiche Belastung kann demnach bei unterschiedlichen Menschen mit ihren verschiedenen Eigenschaften und Fähigkeiten differenzierte Beanspruchungen hervorrufen (Rohmert & Rutenfranz, 1975, S. 8).

**Verantwortung als gesunderhaltende Herausforderung oder krankmachende Überbeanspruchung:**

Wird einer Pflegekraft Verantwortung übertragen, kann diese, laut Schorn, Grüner, Werner und Frerichs (2016, S. 199), ihre eigenen Kompetenzen bewusst einsetzen und die Übertragung als Ausdruck von Wertschätzung und Anerkennung ansehen. Diese Verantwortung kann aufgrund der vorhandenen Ressourcen wie Fähigkeiten, Motivation, Umgang mit Stresssituation, der Dauer der Aufgabe und sonstigen leistungsbestimmenden Faktoren des Individuums situativ unterschiedlich sein. Es kommt entweder zu einer Anpassung oder einer Funktionsminderung. Sofern sich die Person durch die übertragene Verantwortung, wie bereits beschrieben, angespornt und wertgeschätzt fühlt, kommt es zu einer Anpassung. Kommt es jedoch zu einer Überforderung aufgrund der persönlichen Ressourcen und situativen Faktoren, wird die übertragene Verantwortung zu einer Funktionsminderung führen.

**Bewegung als gesunderhaltende Herausforderung oder krankmachende Überbeanspruchung**

In der Pflege-Residenz kann die ständige Bewegung als gesunderhaltende Herausforderung angesehen werden. Durch das ständige Stehen, Tragen von Gerätschaften und vor allen Dingen das Händeln der Patienten und die Bewegung auf den Fluren kann sich diese körperliche Aktivität positiv auf den Körper auswirken. Ähnlich wie im letzten Abschnitt, ist das Resultat abhängig von den vorhandenen Ressourcen wie körperliche Konstitution, den Arbeitsbedingungen (Dauer der Belastung, unterstützende Gerätschaften oder Personal und weitere) des Mitarbeiters. Kommt es aufgrund der Beanspruchung zu einer Anpassung, so entsteht ein Trainingseffekt, welcher die körperliche Konstitution verbessert. Sofern jedoch die vorhandenen Ressourcen durch unzureichende Muskulatur, oder ein geschwächtes Immunsystem eingeschränkt ist, kommt es bei kontinuierlicher, repetitiver Belastung zu einer Beanspruchung, die zu muskuloskelettalen schmerzen führen. Eine Funktionsminderung wäre die Folge.

# 2 Handlungsansätze und Formulierung der Zielsetzung

Inwiefern und weshalb ein Unternehmen in die Gesundheit, Wohlbefinden und Sicherheit der Mitarbeiter investieren sollte, wird im nächsten Schritt, mit den wichtigsten Handlungsansätzen in der Pflege-Residenz beschrieben. Die jeweiligen Handlungsansätze sind nach Prioritäten, welche den größten Handlungsbedarf haben, zugeordnet. Hierfür werden zu den jeweiligen Handlungsansätzen ein Oberziel und zwei Teilziele beschrieben.

## 2.1 Erster Handlungsansatz

Laut § 5 Abs. 1 ArbSchG verpflichtet das Arbeitsschutzgesetz jeden Arbeitgeber eine Gefährdungsbeurteilung durchzuführen. Die Gefährdungsbeurteilung soll potentielle Gefahren und Risiken aufdecken um notwendige Schutzmaßnahmen treffen zu können. Das Arbeitsschutzgesetz beschreibt folgende Gefahren:

1. „die Gestaltung und die Einrichtung der Arbeitsstätte und des Arbeitsplatzes,
2. physikalische, chemische und biologische Einwirkungen,
3. die Gestaltung, die Auswahl und den Einsatz von Arbeitsmitteln, insbesondere von Arbeitsstoffen, Maschinen, Geräten und Anlagen sowie den Umgang damit,

4. die Gestaltung von Arbeits- und Fertigungsverfahren, Arbeitsabläufen und Arbeitszeit und deren Zusammenwirken,

5. unzureichende Qualifikation und Unterweisung der Beschäftigten,

6. psychische Belastungen bei der Arbeit" (Bundesministerium der Justiz und für Verbraucherschutz, 2013).

Da zum einen in der Pflege-Residenz lediglich eine unvollständige Gefährdungsbeurteilung vorliegt, der Bereich Psyche wurde gar nicht berücksichtigt und zum anderen bereits die European Foundation for the Improvement of Living and Working (2003; Destatis, 1998) eine Zunahme der psychischen Belastungen von Mitarbeitern eruiert haben, liegt der erste und priorisierte Handlungsansatz (vgl. Abb. 2, S. 7) in einer vollständigen Gefährdungsbeurteilung mit Fokus auf die psychischen Belastungen.

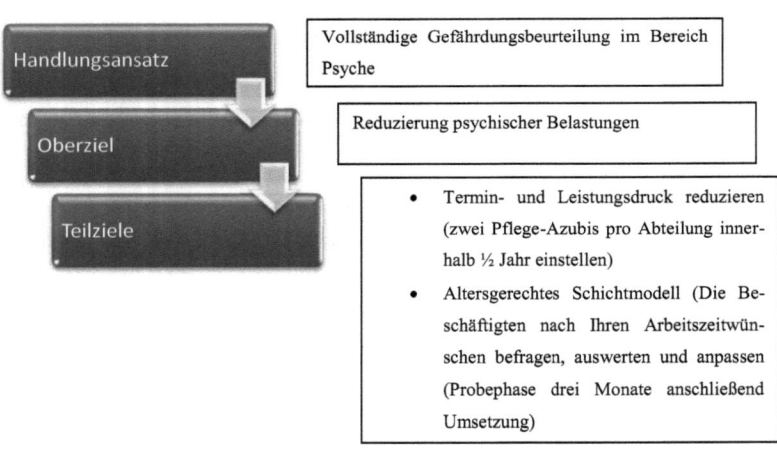

Abb. 2: Erster Handlungsansatz mit Oberziel und Teilzielen (eigene Darstellung, 2020)

In der Pflege-Residenz herrschen hohe Arbeitsbelastungen, das Durchschnittsalter der Mitarbeiter und Bewohner steigt stetig an. Demgegenüber sinken die finanziellen Möglichkeiten der Einrichtung (vgl. Abschnitt 1.). Aus diesem Grund soll mit der Einstellung von Pflegeauszubildenden zum einen dem demografischem Wandel entgegen getreten werden und zum anderen die finanzielle Belastung der Pflege-Residenz im Rahmen gehalten werden. Um das eigene Fachkräftepotenzial auch in Zukunft dauerhaft an das Unternehmen zu binden und die eigene Arbeitgeberattraktivität zu stärken, soll ein altersgerechtes Schichtmodell, welches auch 20 Minuten Gleitzeit vor Arbeitsbeginn zulässt, umgesetzt werden.

## 2.2 Zweiter Handlungsansatz

Wie eingangs unter 1.1.1 geschildert, sind die physischen Anforderungen bei Altenpflegern, im Vergleich zu anderen Branchen und Erwerbstätigen, deutlich erhöht. Aus diesem Grund, soll mit dem zweiten Handlungsansatz, die körperliche Belastung der Beschäftigten am Arbeitsplatz reduziert werden. So kann gegebenenfalls auch dem überdurchschnittlichen Krankenstand entgegengewirkt werden. Kramer, Sockoll und Bödeker (2009, S. 65 ff.) beschreiben, dass Maßnahmen zur Erhaltung und Verbesserung der Gesundheit zu einer Reduzierung der betrieblichen Krankheitskosten führen kann. Gleichzeitig können sich laut Behr, Rixgens und Badura (2008, S. 31 ff.) möglicherweise auch die wichtigen Erfolgsfaktoren wie das Human- und Sozialkapital erhöhen. Nachfolgende Abb. 5 zeigt den Handlungsansatz für eine Reduzierung körperlicher Belastungen am Arbeitsplatz.

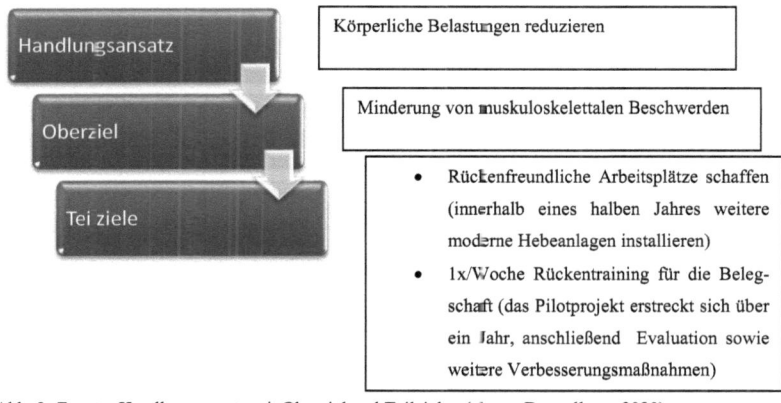

Abb. 3: Zweiter Handlungsansatz mit Oberziel und Teilzielen (eigene Darstellung, 2020)

Durch das Schaffen rückenfreundlicher Arbeitsplätze, soll die körperliche Belastung in Zwangslagen und langfristig die muskuloskelettalen Beschwerden vermindert werden. Nach einer genauen Analyse des Arbeitsplatzes, sollen adäquate Hebeanlagen zur Erleichterung des Arbeitsplatzes integriert werden. Ziel ist es, in allen notwendigen Abteilungen, nach einem halben Jahr, eine Integration von solchen Hebeanlagen zu schaffen. Außerdem findet einmal pro Woche ein Rückentrainingskurs statt, welcher sich über ein Jahr erstreckt. Inhalte sind, Verhältnis- und Verhaltensprävention, Rückenaufbautraining und Kollegenaustausch bezüglich Erfahrungen bei der Umsetzung im Arbeitsalltag. Ziel ist es, die täglichen Belastungen besser kompensieren zu können.

## 2.3 Dritter Handlungsansatz

Der dritte Handlungsansatz bezieht sich auf die Führungsebene beziehungsweise deren Vorgaben bezüglich zeitliche Anforderungen an das Personal. Kennzeichnend für ein Führungskapital ist die vertikale Beziehung zwischen Beschäftigten und den Vorgesetzten (Behr et al., 2008). Das Wohlergehen der Mitarbeiter wird somit zum einen durch die Einflussnahme der Führung auf Ziele, Prozesse und Strukturen und zum anderen durch das Entscheidungs- und Kommunikationsverhalten beeinflusst (Stadler, Strobel & Hoyos, 2000). Relevant für die Gesundheit ist demnach das Kommunikationsverhalten zwischen den Führungskräften und Mitarbeitern, was sich insbesondere im Umgang mit Konflikten und Vorschlägen aufzeigt. Hintergrund ist, dass sich dadurch einerseits Anerkennung und Wertschätzung andererseits Missachtung und Ablehnung ergeben können. Um einen reibungslosen und zielorientierten Austausch zwischen Führungskräften und Beschäftigten gewährleisten zu können, sollen die Fach- und Führungskräfte zweimal pro Kalenderjahr an einer Fortbildung teilnehmen.

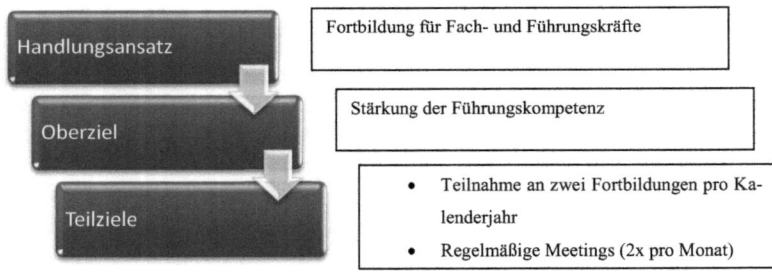

Abb. 4: Dritter Handlungsansatz mit Oberziel und Teilzielen (eigene Darstellung, 2020)

Wie bereits im Abschnitt 1.1.3 erläutert, wird den Pflegekräften eine hohe zeitliche Anforderung abverlangt. Die Gründe wie demografischer Wandel und Fachkräftemangel werden ebenso in diesem Abschnitt beschrieben. Die Teilnahme an Fortbildungen soll zum einen die Führungskompetenz stärken und zum anderen eine Erhöhung der Handlungsspielräume der Führungskräfte sichern. Ziel ist es, den einzelnen Vorgesetzten die Möglichkeit zu geben, schnellere Entscheidungen treffen zu können. Die Meetings sollen zwischen Führungskräften, ausgewählten Mitarbeitern und Betriebsrat, bei Bedarf auch Berufsgenossenschaften und Krankenkassen stattfinden. Hintergrund ist die Auseinandersetzung mit Konflikten, Verbesserungsvorschlägen von Arbeitsabläufen sowie Einarbeitung neuer Schichtpläne und Besprechung möglichen Personalbedarfs.

# 3    Konzeption und Planung des BGM-Projekts

In diesem Kapitel wird zunächst die weitere Vorgehensweise zur Einführung eines
BGM in der Pflege-Residenz behandelt. Das 6-Phasen-Modell, auf das im folgenden
Abschnitt näher eingegangen wird, bildet dabei das Grundgerüst für eine erfolgreiche
Implementierung eines ganzheitlichen BGM-Prozessablaufschemas.

## 3.1  BGM-Konzept in der Pflege-Residenz

In dem ganzheitlichen BGM-Prozessablaufschema ist ebenso das Arbeitsschutzmana-
gement integriert. Der ganzheitliche Prozess ist durch Bedarfsbestimmung, Analyse
Interventionsplanung, Interventionen, Evaluation und Nachhaltigkeit gekennzeichnet
(Morsch, 2019, S. 194). Nachfolgend werden die nächsten Schritte für das BGM-
Konzept in der Pflege-Residenz anhand einer Tabelle aufgezeigt und den relevanten
Phasen des 6-Phasen-Modells zugeordnet.

Tab. 1: das BGM-Konzept mit Bezug auf das 6-Phasen-Modell (eigene Darstellung, 2020)

| Phase | Beschreibung |
|---|---|
| 1. Arbeitskreis für Gesund-heit und Si-cherheit bil-den (Bedarfs-bestimmung | Im ersten Schritt gilt es die Bildung eines Arbeitskreises für Gesundheit und Sicherheit zu schaffen. Die primäre Aufgabe liegt darin, dauerhaft die Aktivitä-ten zu überwachen, neue zu organisieren um letztendlich eine Weiterentwick-lung des BGM zu sichern. Der Arbeitskreis besteht aus mindestens einem Ver-treter aus den Bereichen Arbeitgeber –und Arbeitnehmerseite, dem Personal-management, dem Betriebsarzt und der Fachkraft für Arbeitssicherheit. Einer der Verantwortlichen bildet den Projektleiter. In der Anfangsphase treffen sich die Verantwortlichen jeden Monat, sobald die Notwendigkeit nicht mehr beste-hen sollte, tagen sie noch vierteljährlich. |
| 2. Projektpla-nung (Be-darfsbestimm ung grober Zeitrahmen und überge-ordnete Auf-gaben) | In der Projektplanung soll ein passendes Konzept erstellt und die personellen Ressourcen überprüft werden. Der Inhalt des Projektplans besteht aus den fi-nanziellen, personellen, räumlicher und organisatorischen Ressourcen. Mit Hilfe eines Fragebogens, der die notwendigen Informationen für die Konzept-planung beinhaltet, können daraufhin alle Projektdaten gesammelt werden. Daraufhin können die individuellen Aufgaben und Teilaufgaben erstellt und ein erster Strukturplan inkludiert werden. Der Strukturplan ist dabei so aufgebaut, dass die Aufgaben in logischer und zeitlicher Reihenfolge transparente aufge-führt sind. Anschließend findet eine Zuordnung der einzelnen Aufgaben gegen-über den verantwortlichen Personen beziehungsweise Abteilungen statt. |
| 3. Projektpla- | Der dritte Schritt gehört ebenfalls der Bedarfsbestimmung an. Nachdem der |

| | | |
|---|---|---|
| | nung (Be-<br>darfsbestimm<br>ung Detail-<br>schritte) | grobe Zeitrahmen und die übergeordneten Aufgaben geklärt wurden werden nun die Detailschritte anhand folgenden Informationen geklärt: Nennung der Aufgaben, Festlegung von Beginn und Ende der Aufgabe, Prüfung der Abhängigkeiten zwischen den Aufgaben, Festlegung der Zuständigkeiten, Klärung der Ressourcen und Organisationsanforderungen und die Dokumentation und das Berichtswesen. Die aufgeführte Vorgehensweise ermöglicht am Ende des Projekts eine Projektbewertung und vereinfacht den weiteren Projektverlauf. |
| 4. | Analyse der ist-Situation (Analyse) | In Form von Arbeitsplatzanalysen oder anonymen Mitarbeiterbefragungen kann die Ist-Situation ermittelt werden. Dabei werden abstrakte Zahlen wie Krankenstand und Unfallquote, aber auch subjektive Empfindungen zur Stimmung, Zufriedenheit, Motivation und Engagement innerhalb des Unternehmens in verwertbare Informationen umgewandelt. Dadurch können gezielte Maßnahmen eingeleitet werden. Rückschlüsse auf mögliche Gesundheitsgefahren bieten Analysen und deren anschließenden Beurteilung von Arbeitsbedingungen. Es soll verhindert werden, dass die berufliche Tätigkeit, die Sicherheit und Gesundheit der Mitarbeiter beeinträchtigt ist. Diese Ist-Analysen werden regelmäßig aktualisiert. |
| 5. | Planung von Maßnahmen (Interventionsplanung) | Mit Hilfe der Ist-Analyse können daraufhin zielführende Maßnahmen abgeleitet werden. Nach Sockoll, Kramer und Bödeker (2008, S. 17) ist dabei besonders die Kombination aus verhaltens- und verhältnisbezogenen Maßnahmen wirksam. Außerdem, damit ein ganzheitliches BGM-Projekt umgesetzt werden kann, sollte eine Zusammensetzung aus Gesundheitsförderung, Kompetenzentwicklung, Motivationsförderung und Veränderung der Arbeitsplätze angestrebt werden. Die Handlungsziele, welche im Kapitel zwei herausgearbeitet sind, dienen zur ersten Orientierung und werden weiter konkretisiert beziehungsweise angepasst. Ziel ist, ein Maßnahmenplan mit Prioritätensetzung zu erstellen. |
| 6. | Durchführung der Maßnahmen (Umsetzung) | Bei der Durchführung der Maßnahmen handelt es sich um die aktive Umsetzung um die zuvor festgelegten Ziele zu erreichen. Grundlage bietet hier neben den Handlungsansätzen und Zielen aus Kapitel zwei auch die zuvor durchgeführte Ist-Analyse. Sofern sich keine Veränderungen bedingt durch die Ist-Analyse ergeben haben, sollte nun die Gefährdungsbeurteilung im Bereich Psyche mit den jeweiligen Maßnahmen, die Implementierung rückenfreundlicher Arbeitsplätze und die Schulung von Führungskräften sowie regelmäßige Meetings durchgeführt werden. Die aktive Mitarbeit der Beschäftigten ist Grundvoraussetzung zur Zielerreichung, so sollte jeder zu Beginn aufgeklärt sein, welche potenziellen Veränderungen auf ihn zukommen können. Nachdem dies geschehen ist bietet die Evaluation eine Bewertung der Prozesse und Ergebnisse. So können die jeweiligen Projektschritte mit Zuständigkeit, Ressourcen und Kosten anhand von Effektivität- und Effizienzmessung abgeglichen werden. Schlussendlich wird die Wirksamkeit des Projektes überprüft und entschieden ob das Pilotprojekt fortgeführt wird. |

## 3.2 Drei Zentrale Erfolgsfaktoren für das BGM-Projekt

Damit die BGM-Maßnahmen funktionieren, sind wesentliche Erfolgsfaktoren elementar. Für die Pflege-Residenz sind die Partizipation der Belegschaft, die Einbeziehung der Führungskräfte und die Ganzheitlichkeit des Projekts von Bedeutung.

### 3.2.1 Partizipation der Belegschaft

Sowohl in der Ottawa-Charta der WHO (1986) als auch in der Luxemburger Deklaration (ENWHP, 2014) festgehalten, ist eine Mitwirkung der gesamten Belegschaft richtungsweisend für ein erfolgreiches BGM. So wird, wie im Abschnitt 3.1 beschrieben, während dem gesamten Projekt, die Belegschaft durch den Gesundheitszirkel, die Mitarbeiterbefragungen und der Beteiligung am Arbeitskreis mit in den Prozess einbezogen.

### 3.2.2 Einbeziehung der Führungskräfte

Laut GKV Spitzenverband (2018, S. 111; zitiert nach Lohmann-Haislah, 2012) besitzen Führungskräfte erheblichen Einfluss auf die Arbeitszufriedenheit, die Motivation und die Gesundheit der unterstellten Mitarbeiter. „Führungskräfte können als Vorbilder, als Gestaltende der Arbeitsbedingungen hinsichtlich Arbeitsorganisation, Zeit- und Leistungsdruck, Entscheidungs- und Handlungsspielräume, Konflikt- und Problembewältigung, soziale Unterstützung sowie durch wertschätzendes Verhalten, Einfluss auf die Gesundheit der Beschäftigten nehmen" (GKV Spitzenverband, 2018, S. 111). So kann der Führungsstil maßgeblich die Arbeitszufriedenheit und die Motivation der Beschäftigten und damit indirekt die Gesundheit, Anwesenheit und Leistungsfähigkeit beeinflussen (Gunkel. 2004, S. 108). Durch Einbeziehung der Führungskräfte im Arbeitskreis Gesundheit nehmen sie direkten Einfluss auf den Erfolg des BGM-Projektes. Die Unternehmensleitung signalisiert desweiteren, durch die Schulungen der Führungskräfte, zusätzliches Interesse an dem Unternehmen, das Projekt und den Beschäftigten.

### 3.2.3 Ganzheitlichkeit

Die Luxemburger Deklaration (ENWHP, 2014) beschreibt betriebliche Gesundheitsförderung und –Management als ein ganzheitlicher Ansatz. Dieser Ansatz stellt die Forderung auf, zum einen innerhalb des Unternehmens strukturelle und organisatorische Rahmenbedingungen zu kreieren, zum anderen verhaltens- und verhältnisbezogene Maßnahmen zu kombinieren und stets projektorientiert vorzugehen. In der Pflege-

Residenz befassen sich die Handlungsansätze sowohl mit der körperlichen, psychischen Gesundheit als auch mit dem sozialen Wohlbefinden der Beschäftigten. Gerade bei der Ist-Analyse des Arbeitsplatzes wurde bei der Planung darauf geachtet verhaltens- und verhältnisorientierte Maßnahmen mit einzubeziehen.

# 4 Entwicklung eines Fragebogens

Das folgende Kapitel befasst sich mit einem Fragebogen zur Erfassung spezifischer Belastungsfaktoren der Fachkräfte in der Pflege-Residenz. Im zweiten Abschnitt wird der inhaltliche Aufbau des Fragebogens genauer betrachtet.

## 4.1 Auswahl und Formulierung der Items

Der nachfolgende Fragebogen nach Slesina (1987) behandelt das Thema subjektive Einschätzung der Belastung am Arbeitsplatz. Dieser wird für die ersten fünf Items und deren dazugehörigen Merkmalsbereiche verwendet. Der Merkmalsbereich ist physische Belastungen.

| Bitte überlegen Sie, ob folgende Merkmale oder Belastungsfaktoren an Ihrem Arbeitsplatz vorkommen! | Wie häufig oder wie stark trifft dieses Merkmal oder der Faktor auf Ihre Arbeit zu? | | | | Fühlen Sie sich selbst dadurch körperlich oder geistig belastet oder beansprucht? | |
|---|---|---|---|---|---|---|
| | oft | mittel | selten | nie | ja | nein |
| | hoch | | gering | | | |
| *Beispiel: Lärm* | X | | | | X | |
| 1. schwere körperliche Arbeit | 3 | 2 | 1 | 0 | 1 | 0 |
| 2. ungünstige Körperhaltung | 3 | 2 | 1 | 0 | 1 | 0 |
| 3. Stehen | 3 | 2 | 1 | 0 | 1 | 0 |
| 4. Sitzen | 3 | 2 | 1 | 0 | 1 | 0 |
| 5. Bewegungsmangel | 3 | 2 | 1 | 0 | 1 | 0 |

Abb. 5: Physische Belastungen und Arbeitsumgebungsfaktoren (Slesina, 1987)

Der zweite Fragebogen, mit insgesamt neun Items, von BGW (Berufsgenossenschaft für Gesundheitsdienst und Wohlfahrtspflege, o. J.), behandelt das Handlungsfeld Arbeitsorganisation.

## Was meint das?

Dies meint beispielsweise:
* Arbeitszeit
* Arbeitsabläufe
* Kommunikation/Kooperation

| | | Ja, genau | Eher ja | Eher nein | Nein, gar nicht |
|---|---|---|---|---|---|
| 9 | Sind Ihre täglichen Arbeitszeiten gut im Voraus planbar und die Planungen oder Dienstpläne verlässlich? | ☐ | ☐ | ☐ | ☐ |
| 10 | Werden Ihre Wünsche in die Arbeitszeitgestaltung und Dienstplanung einbezogen? | ☐ | ☐ | ☐ | ☐ |
| 11 | Steht Ihnen für die tägliche Arbeit ausreichend Zeit zur Verfügung? | ☐ | ☐ | ☐ | ☐ |
| 12 | Ist es Ihnen möglich, Ihre Aufgaben in der verfügbaren Zeit so zu schaffen, dass es Ihren eigenen Qualitätsansprüchen genügt? | ☐ | ☐ | ☐ | ☐ |
| 13 | Können Sie Ihre Arbeitsaufgaben überwiegend ohne Störungen und Unterbrechungen erledigen? | ☐ | ☐ | ☐ | ☐ |
| 14 | Können Sie Ihre Pausen rechtzeitig, ausreichend lang und ungestört in geeigneten Räumlichkeiten machen? | ☐ | ☐ | ☐ | ☐ |
| 15 | Sind Ihre Aufgaben, Zuständigkeiten und Befugnisse klar definiert und gut abgrenzbar? | ☐ | ☐ | ☐ | ☐ |
| 16 | Falls Sie in Schicht- und Nachtarbeit oder Bereitschaftsdienst tätig sind: Sieht Ihr Dienstplan angemessene Ruhe- und Erholungsphasen vor? | ☐ | ☐ | ☐ | ☐ |
| 17 | Falls Sie mit Kolleginnen und Kollegen interdisziplinär zusammenarbeiten: Erleben Sie die Zusammenarbeit insgesamt als konstruktiv? | ☐ | ☐ | ☐ | ☐ |

Abb. 6: Arbeitsorganisation (BGW, o. J.)

Die Arbeitsumgebung, als letztes Merkmalsbereich, mit vier Items, wird in folgender Abbildung dargestellt.

## Was meint das?

Dies meint beispielsweise:
* physikalische oder technische Faktoren
* physische Faktoren
* Arbeitsplatzgestaltung
* Arbeitsmittel

| | | Ja, genau | Eher ja | Eher nein | Nein, gar nicht |
|---|---|---|---|---|---|
| 23 | Ist Ihr Arbeitsplatz angemessen gegen störende Umgebungsfaktoren wie Lärm, ständige Signal- und Hinweistöne, ungünstige Lichtverhältnisse, unkomfortables Raumklima oder unangenehme Gerüche abgeschirmt? | ☐ | ☐ | ☐ | ☐ |
| 24 | Ist an Ihrem Arbeitsplatz die Arbeitssicherheit gewährleistet, beispielsweise bei Tätigkeiten mit Gefahrstoffen, mit Infektionsgefährdungen oder mit Unfallrisiken? | ☐ | ☐ | ☐ | ☐ |
| 25 | Empfinden Sie Ihren Arbeitsplatz als angemessen ergonomisch gestaltet? | ☐ | ☐ | ☐ | ☐ |
| 26 | Stehen Ihnen für Ihre Aufgaben geeignete Materialien und Arbeitsmittel, z. B. technische Ausstattung oder bereitgestellte Software, zur Verfügung? | ☐ | ☐ | ☐ | ☐ |

Abb. 7: Arbeitsumgebung (BGW, o. J.)

## 4.2 Begründung des Fragebogenaufbaus

Die Fragebögen nehmen Bezug auf die physischen Belastungen (Slesina, 1987), die Arbeitsorganisation und die Arbeitsumgebung (BGW, o. J.). Diese Merkmalsbereiche wurden aufgrund der Handlungsfelder und der jeweiligen Belastungen in der Pflege-Residenz ausgewählt. Bei allen drei Fragebögen handelt es sich um eine Ordinalskalierung. Die körperlichen Belastungen sind im Kontext zu dem Handlungsansatz zwei (vgl. Kap. 2.2, S. 8) zu verstehen. Diese werden mit den Items 1-5 beschrieben (vgl. Abb. 5, S. 13). Ziel des Slesina Fragebogens ist, anhand der Erfahrungen der Beschäftigten, Zusammenhänge zwischen Arbeitsanforderungen und gesundheitlichen Beschwerden herauszufinden. Die Arbeitsorganisation wird aufgrund der zeitlichen Anforderung (vgl. Kap. 1.1.3, S. 4) betrachtet und sind mit neun Items dargestellt (vgl. Abb. 6, S. 14). Die Arbeitsumgebung bezieht sich auf die Probleme mit den Pflegedienstleistungen und dem Handlungsansatz drei (vgl. Kap. 2.3, S. 9). Vier Items repräsentieren den Merkmalsbereich zu Arbeitsumgebung (vgl. Abb. 7, S. 13). Der Fragebogen von der BGW wurde gewählt, da die psychische Belastungssituation in der Pflege-Resistenz erfasst werden kann. Darüber hinaus bietet es eine praxisorientierte Entscheidungsgrundlage für Interventionsmaßnahmen. Ein weiterer Vorteil des Befragungsinstrumentes ist, dass sich das Ergebnis der Befragung in die bisherige unvollständige Gefährdungsbeurteilung integrieren lässt.

So kann anhand der Unternehmens- und Mitarbeiterbedürfnisse die adäquaten BGM-Maßnahmen geplant und umgesetzt werden.

# 5 Literaturverzeichnis

Behr, M., Rixgens, P. & Badura, B. (2008). *Das Unternehmensmodell – Elemente und Zusammenhänge.* In B. Badura, W. Greiner, P. Rixgens, M. Ueberle & M. Behr (Hrsg.), Sozialkapital. *Grundlagen von Gesundheit und Unternehmenserfolg* (S. 31 – 41.) Berlin: Springer.

Bundesanstalt für Arbeitsschutz und Arbeitsmedizin. (Hrsg.). *Arbeit in der Pflege – Arbeit am Limit? Arbeitsbedingungen in der Pflegebranche.* Zugriff am 07.01.2020. Verfügbar unter https://www.baua.de/DE/Angebote/Publikationen/Fakten/BIBB-BAuA-10.pdf?__blob=publicationFile&v=6

Bundesministerium der Justiz und für Verbraucherschutz. (2013). *Gesetz über die Durchführung von Maßnahmen des Arbeitsschutzes zur Verbesserung der Sicherheit und des Gesundheitsschutzes der Beschäftigten bei der Arbeit (Arbeitsschutzgesetz - ArbSchG)§ 5 Beurteilung der Arbeitsbedingungen.* Zugriff am 07.01.2020. Verfügbar unter https://www.gesetze-im-internet.de/arbschg/__5.html

Eropean Foundation fort he Improvement of Living and Working. (2003). *Die Arbeits bedingungen in der EU in den vergangenen fünfzehn Jahren.* Dublin.

Europäisches Netzwerk für betriebliche Gesundheitsförderung (ENFBG). (2014): *Luxemburger Deklaration zur betrieblichen Gesundheitsförderung.* Zugriff am 07.01.2020. Verfügbar unter https://www.bkk-dachver-band.de/fileadmin/publikationen/luxemburger_deklaration/Luxemburger_Deklaration.pdf

GKV-Spitzenverband. (Hrsg.). (2018). *Leitfaden Prävention – Handlungsfelder und Kriterien nach § 20 Abs. 2 SGB V.* Zugriff am 07.01.2020. Verfügbar unter https://www.gkv-spitzenver-band.de/media/dokumente/presse/publikationen/Leitfaden_Pravention_2018_barriere frei.pdf

Gunkel, L. (2004). *Die gesundheitsfördernde Gestaltung von Führungshandeln im Betrieb.* In R. Busch & AOK Berlin (Hrsg.), *Unternehmensziel Gesundheit. Betrieb-liches Gesundheitsmanagement in der Praxis – Bilanz und Perspektiven* (S. 104 – 135). München: Rainer Hampp.

Kramer, I., Sockoll, I. & Bödeker, W. (2209). *Die Evidenzbasis für betriebliche*

*Gesundheitsförderung und Prävention. Eine Synopse des wissenschaftlichen Kennt-*
*nisstandes.* In B. Badura, H. Schröder & C. Vetter (Hrsg.), Fehlzeiten-Report 2008.
Zahlen, Fakten, Analysen aus allen Branchen der Wirtschaft. Betriebliches Gesundheitsmanagement Kosten und Nutzen (S. 65 – 75). Berlin: Springer.

Lohmann-Haislah, A. (2012). Stress aktuell – Ergebnisse der Erwerbstätigenbefragung.
In Bundesanstalt für Arbeitsschutz und Arbeitsmedizin (Hrsg.), *Stressreport*
*Deutschland 2012. Psychische Anforderungen, Ressourcen und Befinden* (S. 34-
105). Zugriff am 07.01.2020. Verfügbar unter http://www.frauengesundheit-
lsa.de/pdf_links/stressreport%202012.pdf

Morsch, A. (2019). Studienbrief Betriebliches Gesundheitsmanagement 1
(rev.22.038.000). Saarbrücken: Deutsche Hochschule für Prävention und Gesundheitsmanagement.

Slesina, W. (1987). *Arbeitsbedingte Erkrankungen und Arbeitsanalyse – Arbeitsanaly-*
*se und dem Gesichtspunkt der Gesundheitsvorsorge.* Stuttgart: Enke.

Spiegel Wirtschaft. (Hrsg.). *Altenheime benötigen 183 Tage, um Stelle einer Pflegekraft*
*zu besetzen.* Zugriff am 07.01.2020. Verfügbar unter
https://www.spiegel.de/wirtschaft/unternehmen/pflege-fachkraeftemangel-in-der-
altenpflege-steigt-weiter-a-1266722.html

Sockoll, I., Kramer, I. & Bödeker, W. (2008). iga-Report 13. *Wirksamkeit und Nutzen*
*betrieblicher Gesundheitsförderung und Prävention. Zusammenstellung der wissen-*
*schaftlichen Evidenz 2000 bis 2006* (1. Aufl.) (BKK Bundesverband, BGAG, AOK
Bundesverband & AEV, Hrsg.). Essen.

Stagge, M. (2016). Multikulturelle Teams in der Altenpflege. Eine qualitative Studie.
Wiesbaden: Springer Fachmedien.

Stadler, P., Strobel, G. & Hoyos, C. (2000). *Psychische Belastungen von Mitarbeitern:*
*Die Rolle des Führungsverhaltens.* Ergo-med, 24 (3), 136-142.

World Health Organization. (1986). *Ottawa-Charta zur Gesundheitsförderung 1986,*
World Health Organization. Zugriff am 27.01.2020. Verfügbar unter
http://www.euro.who.int/__data/assets/pdf_file/0006/129534/Ottawa_Charter_G.pdf

# 6 Abbildungs- und Tabellenverzeichnis

## 6.1 Abbildungsverzeichnis

## 6.2 Tabellenverzeichnis